# EFÉSIOS
# 6 10-18

## A armadura de Deus

# A BÍBLIA
## PARA CRIANÇAS

Eu posso ser forte
durante tempos
difíceis, porque
tenho o poder
de Deus comigo.

«Fortaleçam-se no Senhor
e no seu forte poder.»

SCHOOL

O poder de
Deus é como
uma armadura
espiritual que
me protege das
tentações do
diabo.

"Vistam toda a armadura
de Deus, para poderem ficar
firmes contra os planos do diabo."

348
× 492
761

Eu não deveria lutar contra quem me maltrata, mas sim contra o mal em si.

«Não lutamos contra pessoas na Terra, mas contra o reino do diabo.»

O diabo é nosso inimigo, mas nós não conseguimos ve-lo ou bater nele fisicamente.

"Nossa luta é contra as forças espirituais da maldade no mundo e nos céus."

Eu tenho que me aprontar. Como um grande guerreiro de Deus, eu posso aprender como vestir uma armadura espiritual para me proteger.

«Por isso precisamos vestir toda a armadura de Deus, para que possamos estar firmes quando o mal vier contra nós.»

Deus é forte e poderoso, e Ele está sempre comigo. Assim como um bom cinto apertado, a verdade da Palavra de Deus vai me apoiar e ajudar.

"Assim, mantenham-se firmes, com o cinto da verdade em volta da sua cintura."

O cinto usado por um soldado Romano era importante porque mantinha firme toda sua armadura. Também carregava todas as armas que o soldado precisava para lutar.

Deus me ensina a fazer o que é certo e ser gentil, mesmo quando o diabo tenta me levar para o outro lado. Ao mostrar amor aos outros, eu protejo meu próprio coração, e mostro que sou forte com a ajuda de Deus.

"E em seu tórax, vista a couraça da justiça."

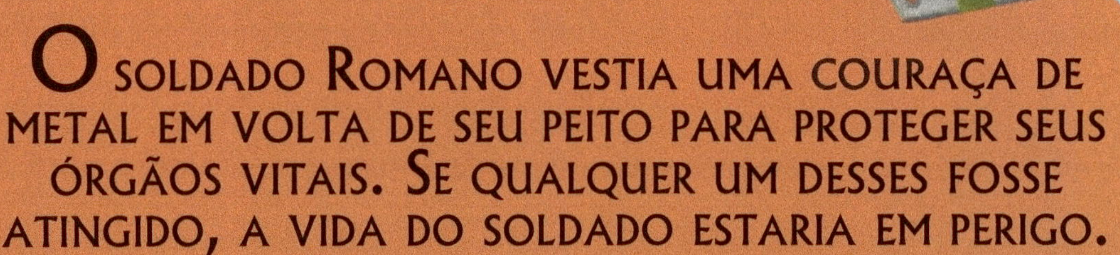

O SOLDADO ROMANO VESTIA UMA COURAÇA DE METAL EM VOLTA DE SEU PEITO PARA PROTEGER SEUS ÓRGÃOS VITAIS. SE QUALQUER UM DESSES FOSSE ATINGIDO, A VIDA DO SOLDADO ESTARIA EM PERIGO.

Estou pronto para
ir e dar aos outros
as boas notícias
sobre o amor de
Deus e Sua paz.

"E em seus pés, preparem-se
para andar e espalhar a
boa notícia da paz."

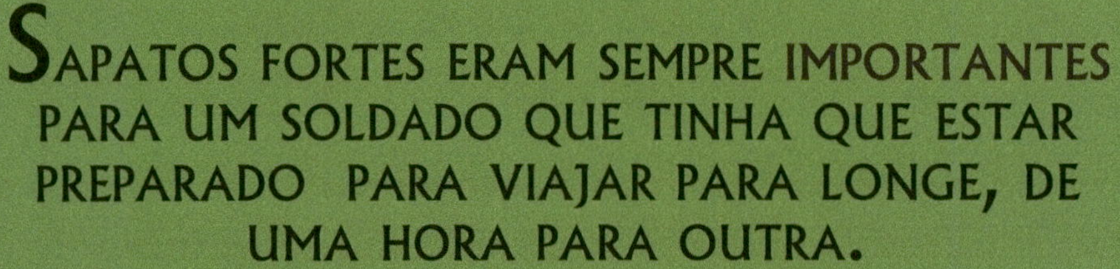

Para me proteger contra
o diabo, eu uso o escudo
da fé. Deus acredita em
mim, e eu acredito nele.
Quando eu confio em Deus,
eu sou forte.

*"Usando o escudo da fé, vocês poderão apagar todas as setas inflamadas do Maligno."*

**D**URANTE A BATALHA, SOLDADOS ROMANOS FORMAVAM UMA LINHA COM SEUS ESCUDOS TODOS JUNTOS PARA EVITAR QUE O INIMIGO PASSASSE.

O sacrifício de Jesus
protege minha alma da
mesma forma  com que
um capacete protege
minha cabeça. Deus me
resgatou de meus erros
quando Jesus morreu
para me salvar.

*«Vista o capacete da salvação.»*

Os soldados Romanos usavam
capacetes para proteger
suas cabeças e rostos.

Eu posso usar a Palavra
de Deus como uma arma
poderosa contra o diabo.
Quando fico tentado a
fazer algo errado, a Bíblia
me lembra do que é certo
que eu deveria fazer.

*"E pegue a espada do Espírito,
que é a Palavra de Deus."*

A ESPADA ROMANA ERA LEVE O
BASTANTE PARA SER FACILMENTE USADA,
E ERA MUITO FORTE E AFIADA.

Agora que vesti minha armadura espiritual, vou usa-la na prática. Eu sempre oro e peço a Jesus para me guiar.

"Esteja sempre em oração, e peça a Deus o que você precisa."

Um soldado que quer vencer escutará e obedecerá a tudo que seu comandante lhe disser para fazer.

Eu preciso estar
pronto para encarar
o diabo a toda hora,
e orar para que os
outros possam fazer
isso também.

"Estejam sempre prontos
e nunca desistam, orando
sempre por todo o povo de Deus."

Um soldado deve estar sempre alerta, preparado e vigiando para ver quando o inimigo vai atacar.

Querido Deus,

Por favor me ajude a vestir Sua armadura do Espírito todos os dias.

Me ajude a escolher o que é certo, quando penso em fazer o que é errado.

Me ensine a fazer
a coisa amável.

Me dê ousadia
para falar aos
outros sobre Você.
Me lembre de
ler e seguir Sua
Palavra.

Por favor me faça
forte em Você.
Amém.

Obrigado, querido Deus,
por ter me dado essa
armadura de proteção
contra o diabo.

Obrigado por me dar
forças, mesmo quando
me sinto fraco.

Te louvo por estar sempre
comigo para me proteger.

www.iCharacter.org
Por Agnes de Bezenac
Ilustrado por Agnes de Bezenac
Colorido por Hanny A.
Traduzido por Billy Blanco, Jr.
Copyright 2014 iCharacter Limited (IE)
Versão usada da Biblia: João Ferreira de Almeida Atualizada

www.ingramcontent.com/pod-product-compliance
Lightning Source LLC
Chambersburg PA
CBHW042054030726
47599CB00019B/2485